AF247090

LA PAIX

PARIS. — Imprimerie SERRIERE, rue Montmartre, 123
FONDERIE CLICHERIE, ET GALVANOPLASTIE.

LA PAIX

PAR

ARISTIDE DUMONT

L'Italie coûte plus à l'Autriche qu'elle ne lui rapporte

PRIX: 1 FRANC

PARIS

AMYOT, LIBRAIRE-ÉDITEUR

8 — RUE DE LA PAIX — 8

—

M DCCC LIX

LA PAIX

I

L'état d'incertitude et de crainte qui pèse sur les esprits et paralyse les affaires, n'est-il pas plus désastreux pour le pays qu'une guerre franchement déclarée à la face de l'Europe?

Une telle situation ne peut se prolonger longtemps : nous voulons la résumer ici, autant que le permettent les nuages qui l'entourent.

Il est aujourd'hui un certain nombre d'hommes élevés dans la pratique et les espérances de la liberté, qui, regrettant leurs illusions perdues, ont cependant conservé leur foi profonde dans la justice et dans les éternels principes qui dominent toujours les situations grosses d'orage. Dans des circonstances aussi solennelles, c'est un devoir pour eux d'envisager les événements sans prévention injuste, sans passion, de descendre au fond de leur conscience pour ne consulter que l'intérêt général de la civilisation humaine et l'honneur sacré du drapeau.

Un journal français (1) définissait il y a quelques jours de la manière suivante les diverses opinions qui divisent le pays à propos de la paix ou de la guerre :

« Ceux qui veulent déchirer les traités de 1815,
» qu'ils considèrent comme une humiliation pour la
» France et une oppression pour les peuples ;

» Les partisans de la paix à tout prix, qui, se dés-
» intéressant complètement dans la question d'Italie,
» nient l'intérêt de la France, nient l'intérêt de l'Eu-
» rope, nient même jusqu'à la possibilité d'arracher
» les peuples de la Péninsule à la dure condition qu'ils
» subissent ;

» Ceux qui, en admettant qu'il faut respecter les
» traités de 1815, même en les détestant, croient à la
» nécessité impérieuse de les reviser sur certains
» points, et pour lesquels la guerre ne *serait qu'un*
» *moyen extrême de donner satisfaction à des intérêts*
» *liés étroitement* à la sécurité de l'Europe. »

C'est à cette dernière opinion que nous appartenons.

II

Dégageons d'abord la question de deux éléments aussi extrêmes qu'incompatibles avec l'honneur du pays et les progrès de la raison humaine.

---

(1) *La Patrie.*

Nous entendons les partisans de la paix à tout prix s'écrier :

Comment ! une lutte fratricide pourrait au milieu du dix-neuvième siècle, ensanglanter l'Europe et compromettre pour longtemps tous les éléments de progrès et de lumière , accumulés avec tant de succès par les efforts réunis de la science et de l'industrie.

Ce serait en vain qu'on aurait posé au sein des dernières conférences le principe sacré d'un congrès pacifique destiné à discuter dans toutes les occasions solennelles les questions internationales ?

Ce serait en vain que depuis quinze années les chemins de fer s'établiraient en Europe avec le concours simultané de tous les capitaux , sans distinction de nationalité, que d'importantes Compagnies de banque, de crédit, de mines, fusionnant les intérêts de divers peuples, rassembleraient dans les mêmes conseils des Français, des Russes, des Autrichiens, des Italiens, des Anglais ?

Ce serait en vain que ces expositions nationales, que nous avons vues à Londres, à Paris, à Berlin, à Vienne, auraient réuni pacifiquement toutes les industries dans un noble concours, et fait asseoir tous ces peuples, membres épars de la grande famille européenne, dans de fraternels banquets ?

Ce serait en vain que la révolution de 1848 aurait sacrifié, dans un élan de générosité, les espérances de tous les peuples pour ne pas ensanglanter son drapeau ?

Et cette lutte s'engagerait au moment où une nouvelle lumière semblait se projeter sur le monde, au moment où les isthmes allaient se percer, où la doctrine d'un libre échange avait déjà fait de grands progrès, au moment où la Chine ouverte présentait à toutes les industries de l'Europe un champ aussi immense qu'inconnu, au moment où sur toute la surface de la terre, depuis Londres jusqu'à Melbourne, depuis Saint-Pétersbourg jusqu'à San-Francisco, l'humanité semblait palpiter toute entière sous le souffle puissant et créateur de la science unie à l'industrie !

Oui, cela est possible, car il y a un malheur plus grand pour une nation que celui de compromettre provisoirement ses intérêts matériels : C'est celui de reculer dans une cause juste, quand cette nation s'appelle la France.

C'est celui de décheoir du rang suprême de nation, non pas conquérante, mais protectrice des intérêts de civilisation et de justice.

III

Les nations conquérantes ont fait leur temps, elles sont remplacées aujourd'hui par les nations qui ont assez de lumières, de grandeur et de dignité, pour être des nations *influentes*.

Dans les premières années de ce siècle, la guerre de conquête se comprend encore en Europe. L'empereur Napoléon Ier était le premier soldat de la révolution. Dieu avait armé son bras pour effacer de la pointe de son épée triomphante tous les restes de féodalité et de servitude qui déshonoraient les divers gouvernements de l'Europe ; les cabinets ne connaissaient pas la force et la fécondité de cette révolution immortelle, qu'ils tournaient en dérision; les peuples étaient gouvernés par des hommes appartenant à une génération rétrograde par ses idées; l'industrie n'était point parvenue à l'état de puissance prépondérante, c'est à peine si le crédit public était né.

Aujourd'hui, quelle différence! L'Empereur de Russie est le promoteur le plus ardent du progrès, il donne le signal de l'affranchissement des serfs dans toute l'étendue de son empire.

En Allemagne, sauf quelques rares exceptions, les gouvernements les plus paternels ont succédé à la féodalité, et sur toute l'étendue de ce pays, une émulation croissante fait établir des chemins de fer, fusionne les intérêts, régularise, assimile les tarifs de douane, et tend sans cesse à une grande unité. En Angleterre, en France, en Belgique, partout, enfin, excepté à Naples et dans les Etats de l'Eglise, les gouvernements sont à la tête du progrès.

Dans une telle situation, ce n'est point par la guerre de conquête que Napoléon Ier aurait tenté de fusionner et de réunir l'Europe, et il est évident aujourd'hui, pour tout homme de bonne foi, que son successeur, Napoléon III, emploiera toutes les ressources de sa puissante autorité pour éloigner un tel moyen, tout en portant haut et ferme le drapeau de la France. Nous en avons pour preuve les paroles de son discours, qui ont trouvé dans le sein des masses d'innombrables échos parce qu'elles sont aussi éloignées de la témérité que de la faiblesse.

Nous ne dirons pas avec M. de Girardin : *Ou la guerre avec ses conquêtes, ou la paix avec ses progrès,* car, en Europe les conquêtes ne sont possibles que par la paix, par la lente assimilation des sympathies

et des intérêts, et la lutte armée ne peut se com-
prendre que dans deux cas extrêmes :

1° Si l'honneur du drapeau est en péril;

2° Si une puissance a des prétentions assez injustes
pour provoquer contre elle une coalition unanime des
autres cabinets ; mais alors la lutte ne doit point être
longue. Il est douteux même qu'elle puisse s'engager
bien sérieusement.

Pour donner quelque apparence de raison à une
guerre de conquête ayant pour but de constituer deux
empires d'Orient et d'Occident, on a cité les paroles
du noble captif de Sainte-Hélène.

Qu'on n'oublie pas que depuis que ces paroles ont
été prononcées, tout a changé de face; que de nou-
veaux et immenses intérêts sont nés.

L'Empereur Napoléon Ier était un homme européen
par excellence, et c'est là ce qui fait surtout sa grandeur.

« J'eusse voulu, disait-il à Sainte-Hélène, pour
» toute l'Europe l'uniformité des monnaies, des poids,
» des mesures, l'uniformité de législation. Pourquoi
» mon code Napoléon n'eût-il pas servi de base à un
» code européen, et mon université impériale à une
» université européenne. De la sorte nous n'eussions
» réellement composé en Europe qu'une seule et
» même famille ; chacun en voyageant n'eut pas cessé
» de se trouver chez lui. »

Ce que l'Empereur rêvait sur son solitaire rocher
de Sainte-Hélène est déjà aux trois quarts réalisé par
les seuls efforts de la science et de l'industrie, et cette
conquête morale de l'Europe, essayée par les armes,
est faite aujourd'hui par une puissance plus forte que
tous les grands génies, par la puissance de la civilisation.

Chacun, en voyageant en Europe, ne peut-il pas se croire presque chez lui? La locomotive a tué le canon, et c'est l'industrie seule qui peut fusionner l'Europe en un ou deux empires. Sous la domination des gouvernements et à travers les délimitations d'Etat, l'industrie n'opère-t-elle pas chaque jour des fusions, des transformations, des rapprochements qui sont des conquêtes et des progrès bien plus durables que les résultats des batailles les plus glorieuses?

En résumé, il ne peut plus y avoir en Europe de guerres de conquêtes, mais seulement des luttes temporaires, des coups d'Etat armés, s'ils sont rendus indispensables par l'obstination de quelque gouvernement aveugle.

IV.

Après avoir constaté qu'une paix à tout prix serait aussi inconciliable avec l'honneur qu'une guerre de conquête avec les idées et les progrès actuels de la civilisation, il nous faut jeter les yeux sur les diverses puissances et constater qu'il n'en est pas aujourd'hui une seule en Europe qui puisse accepter la guerre sans y être impérieusement forcée par le point d'honneur.

Commençons par l'Autriche.

Cette puissance n'est-elle pas obérée au point d'aller droit à sa ruine, si la paix de l'Europe ne lui donne

les moyens de réaliser de grandes réformes économiques ?

Les faits vont nous répondre :

Les finances autrichiennes ont passé par deux crises
redoutables, l'époque des grandes guerres continen-
tales et la révolution de 1848. Chacune d'elle a légué
des embarras qui grèveront longtemps encore l'avenir.

Depuis 1848, le déficit annuel s'est accru d'une manière pour ainsi dire indéfinie.

En 1854 et en 1855 on ne saurait l'évaluer à moins
de 360 millions de francs par an. L'ensemble de ces
déficits n'est pas au-dessous de 1500 millions de francs
en 1855. Il n'a été possible d'y pourvoir jusqu'ici, que
par nouvelles émissions de papier-monnaie ou par des
emprunts.

Dans ces dernières années, une des ressources du
gouvernement a été la vente de chemins de fer et de
domaines concédés à des Compagnies étrangères, mais
ce sont là des ressources temporaires, et lorsqu'elles
seront épuisées le déficit se présentera de nouveau,
si l'accroissement des recettes ordinaires, dû au main-
tien de la paix générale et au développement de la
prospérité intérieure, n'est pas parvenu à le combler.

L'Autriche n'a pas comme la France, pour réparer le
déficit de ses budgets, la grande ressource des accrois-
sements sur les impôts indirects. Avec ses 40 millions
d'habitants et ses 12,000 milles carrés géographi-
ques (1), son chiffre de revenus indirects ne dépasse
pas 350 millions de francs (et même ce chiffre n'était
que de 233 millions en 1845, avant l'annexion de la
Hongrie).

---

(1) Pour la France, 36 millions d'habitants sur 9,700 milles carrés.

Un seul fait démontre d'une manière palpable l'é-
norme différence qui existe à cet égard entre les deux
empires, c'est qu'en France , pour l'année 1855, l'aug-
mentation des revenus indirects a égalé presque celle
que l'Autriche a obtenue en onze ans du bénéfice du
temps et de l'accroissement du tiers dans l'étendue
du pays soumis au régime des impôts, et il est
constant que le rendement stationnaire de l'impôt
indirect en Autriche est un des faits les plus regret-
tables qui ressortent de l'étude du budget de cette
puissance.

Tant qu'il subsistera, on ne peut espérer le ré-
tablissement prochain de l'équilibre financier. La
paix seule pourrait changer un tel état de choses, la
paix seule aussi pourrait amener la mise en valeur des
domaines immenses que possède le gouvernement
autrichien. Le défaut de voies de communication rend
aujourd'hui à peu près improductives ces vastes possessions, composées de terres cultivables et de forêts
autres que celles annexées aux mines.

Ces domaines, d'une étendue de 2 millions et demi
d'hectares en 1802, ne doivent pas, depuis l'annexion
de la Hongrie et des provinces adjacentes. renfermer
moins de 5 millions d'hectares.

Dans le budget de 1855, ils ne figurent cependant
que pour un revenu de 8 millions de francs!

Sans doute, depuis 1848, l'administration intérieure
a reçu de grandes améliorations, mais le gouffre
du déficit n'en est pas moins toujours béant. En 1857.
la dette publique constitue une charge annuelle
de plus de 100 millions de florins, soit 251 millions
de francs environ. Ajoutons la dette spéciale de 500
millions florins, destinée au rachat des droits féo-
daux, et la dette envers la Banque, évaluée à 210

millions, sans parler du nouvel emprunt que l'on vient d'émettre.

Par quels moyens espère-t-on sortir d'une telle situation? On a tant demandé à l'impôt qu'il n'a pour ainsi dire plus rien à rendre; *l'impôt a presque doublé dans ces dix dernières années.. L'accroissement de la dette, l'aliénation des chemins de l'Etat et des biens du domaine sont les expédients employés jusqu'ici ; mais ce ne sont que des expédients, et ils ne suffiront pas, on le sent très bien, à un état de choses qui, malgré l'ordre introduit dans l'administration financière, a besoin, avant tout, d'une paix durable, et ne peut attendre son amélioration que du temps* (1).

Peut-on raisonnablement penser que dans une telle situation, ce soit de gaîté de cœur que le cabinet autrichien se jetterait dans tous les hasards d'une lutte armée.

Mais ce n'est pas seulement au point de vue financier que l'Autriche doit désirer la paix, c'est encore pour apporter à son administration intérieure toutes les améliorations qui sont impérieusement commandées par le progrès des temps et de l'opinion.

L'organisation de l'armée, écrivait-on dernièrement de Vienne à la *Gazette d'Augsbourg*, nous donne toutes les garanties désirables pour un heureux dénoûment de la crise actuelle. Nous aimerions pouvoir nous abandonner à la même confiance quant à l'organisation de nos affaires intérieures. Elles ont pour base la patente impériale du 31 décembre 1851, et c'est à cette patente que nous nous en tenons. Mais nous devons toujours répéter la même question : qu'a-t-on exécuté de tout ce qu'elle prescrit? Notre législation

---

(1) *Conseiller.*

judiciaire est devenue, par un remaniement partiel, *quelque chose de bâtard qui ne répond ni au principe ancien ni au principe moderne; elle ne jouit même plus de la considération dont jouissaient à bon droit nos lois d'avant mars.* Le provisoire et les demi-mesures en ont ébranlé les fondements. Pour les représentations nationales, le règlement des rapports entre les diverses confessions, l'organisation municipale, la législation du commerce et de l'industrie, rien n'est encore arrêté. *Ce n'est pas dans la situation extérieure, mais bien intérieure, de l'Autriche, que nous voyons pour elle un véritable danger.* »

Dans une lutte armée, l'Autriche ne trouverait pas seulement la ruine complète de ses finances, l'ajournement indéfini de ses améliorations intérieures, mais encore des dangers de premier ordre pour son existence comme corps de nation.

L'auteur anonyme d'une *Note sur la situation,* insérée dernièrement dans le journal le *Nord,* fait ressortir d'une manière très nette ces dangers pour l'Autriche.

« L'Autriche, dit-il, n'est pas une de ces nations hé-
» roïques qui meurent sur le champ de bataille en
» s'enveloppant de leur drapeau déchiré ; elle n'a pas
» habitué l'Europe à compter autant sur ses vertus
» que sur sa duplicité ; et si elle tend industrieuse-
» ment tous les fils de cette toile laborieusement tis-
» sue, il serait fort possible qu'elle ne poussât pas les
» choses à l'extrême. Après avoir tout fait pour entraî-
» ner ses adversaires à quelque démarche inconsidé-
» rée, quand elle verra son insuccès à cet égard, et
» en présence de l'attitude calme de la France, des
» sympathies avouées de l'Angleterre, de la neutralité
» de la Prusse et de l'Allemagne, et des justes griefs
» de la Russie, peut-être l'Autriche en reviendra-t-

» elle à des pensées moins guerroyantes. Elle doit
» bien se persuader, d'ailleurs, qu'un premier coup
» de canon entraînerait un conflit général, dans lequel
» les chances ne sont pas absolument de son côté:
» *tandis que l'Italie serait en feu, il est naturel de croire*
» *que la Hongrie ne resterait pas tranquille ; et cette fois*
» *la Russie ne se chargerait certes pas de jouer encore*
» *en sa faveur le rôle de gendarme. La Gallicie n'est*
» *pas non plus une province très affectionnée à la*
» *maison de Habsbourg, et s'unirait sans doute à la ré-*
» *publique de Cracovie pour lui rendre son indépendance,*
» *supprimée au mépris des traités.* Que serait-ce donc
» si la Russie intervenait d'une façon ou de l'autre?
» Que serait-ce si l'Angleterre, qui ne pourrait de-
» meurer indifférente, laissait parler ses tendances en
» faveur de l'émancipation et des nationalités? Ce
» n'est pas de la Turquie que l'Autriche peut attendre
» un puissant secours; ce n'est pas non plus à la Ba-
» vière, cette ennemie antique, qu'elle peut se fier
» aveuglément, malgré le penchant anormal dont
» semblent animés les députés et les écrivains bava-
» rois. La Saxe est également un faible auxiliaire.
» Ainsi, la guerre offre des dangers nombreux, sans
» présenter de véritables avantages, sinon de conser-
» ver intactes ses possessions actuelles, si l'on sup-
» pose la victoire fidèle aux drapeaux autrichiens,
» *toujours et partout.*»

Dans une telle situation, nous croyons que l'Autriche peut seulement trouver son salut en arborant
franchement le drapeau du progrès.

Nous ne partageons pas l'avis de ceux qui préten-
dent que le gouvernement autrichien est renfermé dans
un cercle fatal et qu'il ne peut réformer qu'à la condition de mourir.

C'est là une grave erreur. Si l'Autriche est encore en Europe la seule puissance qui ait conservé quelque chose des traditions du moyen-âge, pourquoi son gouvernement ne céderait-il pas enfin à la pression de l'opinion publique? — Croit-on que les antipathies nationales ne s'effaceraient pas devant un gouvernement éclairé et réformateur? Sur ce terrain de conciliation, on pourrait éviter la lutte, et nous sommes convaincus que l'Autriche y trouverait les meilleures garanties de stabilité et d'avenir.

« Vainement, dit l'auteur anonyme que nous citions
» tout-à-l'heure, l'Autriche tentera de faire remonter
» vers sa source le fleuve civilisateur; les digues
» qu'elle lui oppose devront s'abaisser volontaire-
» ment, ou elles seront emportées par la force même
» du courant. C'est là ce qu'il faut se dire, ce que
» l'Autriche devrait reconnaître, parce que telle est
» la marche de l'esprit humain. Or, la lutte terrible
» et dont le résultat est infaillible, il dépend de la
» sagesse et de la politique de l'Autriche de l'empê-
» cher, par des concessions habiles et successives,
» qui lui donneraient la gloire de pacifier l'Europe,
» en lui assurant la reconnaissance de ses populations
» régénérées. Elle a pu voir, par le respect *qui en-*
» *toure l'archiduc Maximilien, combien les Italiens sont*
» *sensibles à la confiance et aux bons procédés ; comme*
» *elle peut se convaincre, par l'opposition qu'elles sus-*
» *citent, combien les mesures violentes sont maladroites*
» *et dangereuses.*

» *C'est donc à l'Autriche seule, dans ce moment, qu'il*
» *appartient de décider de la paix ou de la guerre.* La
» France malgré sa modération, l'Angleterre malgré
» ses intérêts commerciaux, et la Prusse, et la Russie.
» seront bien forcées d'entrer dans la lice où se dé-

» battront les grandes questions de la civilisation, le
» jour où l'Autriche l'aura ouverte. »

L'Autriche pourrait mieux faire que d'équiper d'immenses et coûteuses armées pour soumettre l'Italie, il serait plus généreux de continuer la réalisation des réformes si impérieusement réclamées par la situation des choses.

Qu'elle tourne les yeux vers la Russie, elle y trouvera de grands et de nobles exemples.

Les véritables alliés de l'Autriche sont les idées de réforme pratique pour les diverses nationalités réunies sous son sceptre.

Dans une remarquable étude sur la marine de l'Autriche, M. Beaude nous a montré toutes les richesses naturelles que cette puissance possède sur les côtes orientales de l'Adriatique. Tandis que les côtes vénitiennes sont basses et ensablées, et ne peuvent fournir qu'un petit nombre de marins, les rives opposées sont peuplées de matelots intrépides et présentent de superbes ports naturels (1). L'Autriche est en position d'opérer sur l'Adriatique une véritable renaissance maritime à laquelle l'ouverture de l'isthme de Suez va donner prochainement une grande impulsion. Il est avéré que toute la force navale de l'Adriatique est sur la côte orientale opposée l'Italie. Quand elle le voudra, l'Autriche peut quadrupler sa flotte sur l'Adriatique (2), et lorsque Trieste sera en communication économique et rapide avec la vallée du Danube, cette ville prendra un énorme accroissement.

---

(1) Rade ou port de Pola.
(2) Le personnel maritime de l'Autriche sur l'Adriatique peut être de 55,000 marins.

Ce port de Trieste n'était, au commencement du XVIII° siècle, qu'une crique inaperçue sur une côte rocailleuse. Il acquiert, en quarante ans de progrès, dont le premier mérite est de n'être que la *conséquence naturelle d'un état de choses immuable*, un tonnage double de celui de Bordeaux, égal à celui du Havre. Que lui manque-t-il donc pour atteindre et dépasser celui de Marseille?

Si l'on veut prévoir son avenir, il suffit de considérer l'étendue et la richesse naturelle de l'empire, dont l'exploitation lui est invinciblement dévolue et se souvenir que l'activité du mouvement maritime s'accroît avec celle du mouvement territorial auquel il correspond. On pourra, sans présomption, conclure qu'avant un siècle la population de Trieste sera peu différente de celle de Vienne (1).

De l'embouchure de l'Isonzo, où finit l'Italie, à l'extrémité du district de Cattaro, où commence la côte de Turquie, la distance, en ligne droite est de 600 kilomètres ; mais le nombre et la profondeur des dentelures de ce rivage, la multitude des îles qui le couvrent du fond du golfe de Quarnero à la latitude de Raguse, présentent une longueur développée de côte presque triple de celle de notre cinquième arrondissement maritime, qui des Pyrénées au Var et la Corse comprise, est de 1,043 kilomètres.

Faire de cette admirable côté le débouché de la vallée supérieure du Danube, de cette masse de provinces qui constitue, au nord des Alpes et à l'est du golfe Adriatique, la véritable puissance de l'Autriche, voilà. pour

---

(1) Beaude : La marine de l'Autriche. *Revue des Deux-Mondes.* Novembre 1856.

le gouvernement de ce pays, l'œuvre la plus grande, la plus productive, la plus glorieuse. La population de ces seules provinces , sans compter cette malheureuse Lombardie, dépasse 32 millions d'habitants. Leur superficie est de 60,398,000 hectares , c'est-à-dire de 7,357,000 hectares supérieure à la nôtre, et nous ne pouvons pas nous flatter de l'emporter par la fertilité naturelle du sol. Trieste doit donc être un jour, pour l'empire d'Autriche, ce que sont pour la France Marseille, Bordeaux, Nantes et le Havre réunis. Quand l'isthme de Suez sera ouvert, Trieste sera, par la mer Rouge, aussi près du tropique du Cancer que du détroit de Gibraltar. Une navigation de 9,000 kilomètres, au lieu de 33.000, conduira de son port au détroit de la Sonde.

Et quand on réfléchit que derrière Trieste, il y a dans la masse des provinces autrichiennes, en dehors de l'Italie , d'immenses territoires dépourvus de voies de communication; qu'au sud de Vienne le pays est encore alimenté de denrées coloniales par Amsterdam et par Hambourg, on ne peut que déplorer l'aveuglement de l'Autriche, qui néglige les véritables sources de sa richesse et de sa puissance pour perdre son temps en Italie et s'y créer pour elle et pour l'Europe d'inutiles embarras.

V

La Russie et la Prusse, pas plus que l'Autriche, ne sont intéressées à ce qu'il s'engage en Europe une lutte armée dans laquelle ces deux puissances seraient forcées tôt ou tard d'intervenir d'une manière active.

La Russie, sous l'impulsion aussi puissante qu'intelligente de l'empereur Alexandre II, marche à grands pas aux conquêtes matérielles qui doivent lui donner dans un avenir peu éloigné une si grande influence en Europe et en Asie.

Depuis la fin de la guerre de Crimée, elle n'a fait que grandir.

L'émancipation des serfs, qui se poursuit avec une si louable énergie, place la Russie définitivement au premier rang (1). Les chemins de fer, les vastes défrichements, l'extension des manufactures dans tout l'empire enrichiront avant dix ans la Russie bien plus que n'aurait pu le faire la conquête de Constantinople. Les dettes passées se liquideront, et les revenus publics grandissant tous les jours ouvriront à cet état de nouvelles sources de puissance. Le règne actuel, on l'a dit avec raison, sera non-seulement l'honneur, mais encore la fortune de la Russie.

---

(1) La question de la libération avance de plus en plus vers une solution, car je lis dans les journaux russes qu'au 1er janvier dix gouvernements avaient déjà terminé leurs projets respectifs. La majorité des autres gouvernements parviendra sans doute aussi dans le courant de février au terme de ses travaux. De sorte que bientôt le ministère de l'intérieur et le comité central pourront se décider en connaissance de cause. Il s'agira alors d'élaborer le projet général, et de réunir par des liens généraux, bien qu'en leur laissant leur caractère local, tous les projets spéciaux. On aura alors à discuter les principes, tels que celui du rachat général, de l'administration locale, des droits et de la condition des serfs libérés, etc. toutes questions de la plus haute importance.

Je lis dans la même revue que le chiffre officiel des transactions à Nijni-Novgorod a dépassé d'environ 10 millions le montant des

La Russie a besoin de la paix pour ouvrir à l'Europe et à l'influence chrétienne les grandes routes de l'Asie centrale dont elle tient la clef par la possession de la Sibérie méridionale, pays riche et plein d'avenir, et dont on se fait généralement une très-fausse idée en Europe.

Si la paix n'est point troublée, vingt ans. dix ans peut-être ne se passeront pas avant que le réseau russe n'ait franchi les limites de l'Asie et de l'Europe; c'est par là que nos neveux iront en Chine, dans l'Inde et au Japon.

Rien ne peut donner une idée de l'impulsion féconde qui a été donnée à la Russie depuis quelques années.

En même temps qu'on y ouvre des chemins de fer, on y établit de grandes entreprises de navigation, on pousse les reconnaissances de routes nouvelles du côté du Caucase et de la Perse (1).

---

virements de la foire précédente, ce qui démontre que la crise de 1857, qui a si cruellement frappé notre commerce extérieur, a moins fortement agi sur le commerce intérieur qu'on n'était en droit de le craindre.   (Correspondant du journal le *Nord*).

(1) Pour ce qui est des nouvelles voies de communications, — dit le journal *le Nord* dans un de ses derniers numéros, — il y a d'abord la navigation à vapeur sur le Rion, qui a commencé en 1852, la construction d'une chaussée de Maran à Tiflis qui facilitera les communications avec la mer Noire, et pour laquelle on a projeté l'établissement d'un service de diligences, les explorations pour le chemin de fer destiné à relier Tiflis à Bakou, voie qui, une fois prolongée jusqu'au Rion, sera de la plus haute importance pour notre commerce de transit avec la Perse; il y a enfin la transformation, dans des vues commerciales, des forteresses Pétrovsk sur la mer Caspienne et Poti sur la mer Noire, en villes.

Je ne puis oublier de vous parler encore d'un projet de canal allant du fleuve Aragra jusqu'aux confins de la steppe Karajar, destiné à transformer, par l'arrosement, 47,000 dessiatines de terrains desséchés en champs fertile, et à fournir à Tiflis une excellente eau potable. Les nivellements de ce canal ont été terminés l'année passée.

A côté de ces entreprises d'une exécution immédiate se placent d'autres projets, qui pour être des rêves encore, ne se transformeront pas moins en saisissante réalité tôt ou tard. — C'est ainsi qu'on pense sérieusement à établir, par la Russie et la Sibérie méridionale, la communication électrique entre les deux mondes; communication qui a échoué dans les profondeurs de l'Océan, qui réussirait certainement par l'Asie centrale, en présentant l'immense avantage de relier du même coup l'Inde et la Chine à l'Europe (1).

VI

La Prusse n'est pas plus intéressée à la guerre que la Russie, et elle désire ardemment que les négocia-

---

(1) Vous avez publié, il y a quelque temps, le projet détaillé de M. de Libessart, officier de marine en retraite, relatif à la construction d'un câble électrique à travers le détroit de Behring, et qui serait ensuite relié, d'un côté avec les fils électriques de l'Europe, de l'autre avec ceux de l'Amérique. Vous apprendrez, sans doute avec plaisir, qu'un projet analogue avait été présenté au gouvernement russe, en 1857, par M. Romanoff, officier du régiment des pionniers à cheval. Ce projet diffère de celui de M. de Libessart, en ce qu'i conduit la ligne télégraphique, non pas à travers le détroit de Behring, mais le long du cours de l'Amour, par les îles Kouriles, le Kamtchatka, les îles de Behring et de Cuivre, et ensuite le long de la chaîne des îles Aléoutiennes, sur le continent américain.

Espérons que cette grande entreprise ne tardera pas à recevoir un commencement d'exécution. Les objections qu'on a élevées contre la possibilité d'un fil télégraphique établi sur une aussi grande

tions puissent aboutir et obligent l'Autriche à des concessions raisonnables en Italie.

Ce ne serait qu'autant que l'Autriche deviendrait l'objet d'une agression non provoquée, qu'une opinion allemande et hostile se formerait en Prusse et dans tous les Etats placés sous sa suzeraineté et son impulsion politique.

Cette opinion pourrait alors réagir d'une manière fâcheuse sur le cabinet prussien, qui désire avant tout se poser en médiateur dans la question dont il s'agit.

» Ainsi que l'Angleterre, la Prusse (disait dernière-
» ment la *Revue hebdomadaire*) doit avoir principa-
» lement en vue le respect des traités internatio-
» naux. Comme l'Angleterre, elle insistera de tout
» son poids sur la nécessité de faire droit à tous les
» griefs légitimes. La position de ces deux puis-
» sances est telle qu'elle leur permet *d'offrir aux*
» *deux parties une médiation efficace, et il faut ren-*
» *dre justice à la prudence des deux cabinets qui, jus-*
» *qu'à présent, se sont abstenus de faire la moindre dé-*
» *marche qui aurait pu entraver leur action d'une part*
» *ou d'autre.*

» Si donc on peut admettre, tant chez la France
» que chez l'Autriche, la volonté sincère de se prê-

échelle, lors de la publication du projet de M. de Libessart, tombe-
ront peu à peu, lorsque, en envisageant cette importante question
au point de vue pratique, on se trouvera aux prises avec les obs-
tacles qui souvent de loin paraissent insurmontables, et qui, vus de
près, se réduisent à peu de chose.   *(Le Nord.)*

Nous reviendrons prochainement, et dans une publication spéciale
sur cette grande entreprise, pour laquelle nous avons réuni beaucoup de documents.   *(Note de l'Auteur.)*

» ter à l'aplanissement des différends existants, et que
» d'un autre côté les autres grandes puissances ré-
» unissent leurs efforts pour arriver à cet aplanisse-
» ment, on a le droit d'espérer de ne pas voir la paix
» dont jouit l'Europe être rompue par une guerre
» dont les sacrifices sont incalculables, autant que
» son étendue, sa durée et ses conséquences.

VII

L'Angleterre a dans ce moment trois raisons capitales pour désirer la paix.

La révolte des Indes n'est point encore étouffée et réclame toutes ses ressources.

La guerre serait un coup fatal à la répression de la traite et au libre échange, ces deux grandes idées dont l'Angleterre poursuit avec une si louable persévérance la réalisation dans le monde.

Lord Malmesbury disait dernièrement au Parlement :

« Mais une chose est nécessaire pour atteindre *l'abo-*
» *lition de la traite : c'est la paix.* Quand la guerre de
» Russie a commencé, la traite était près de disparaî-
» tre. La complète abolition en a été retardée par cet
» événement. Mais si nous étions assez heureux pour
» jouir pendant quelques années encore des bienfaits
» de la paix, la traite, j'en ai l'assurance, disparaîtrait
» tout à fait. »

Indépendemment de ces raisons capitales, dérivant

d'une saine politique, il existe en Angleterre une opinion publique très sympathique à la cause de l'émancipation d'Italie et très hostile à toute tergiversation du ministère.

« L'attitude actuelle du cabinet anglais, disait dernièrement le *Morning-Post*, en présence de la grande
» difficulté qui agite l'Europe, est à la fois une folie
» et un crime. Une folie, parce que cette attitude est
» contraire à ses propres intérêts; un crime, parce
» qu'elle met en péril la paix, les droits et les aspira-
» tions des autres nations. La question italienne ne
» peut pas être écartée plus longtemps, et nous ne
» devons pas tenter de l'éloigner. Elle n'a pas sa
» source dans l'intérêt d'un Etat isolé et en dehors
» des intérêts généraux de l'Europe. C'est une ques-
» tion que la rencontre de diverses circonstances qui
» se sont présentées ont amenée à la surface, et que
» l'incapacité des hommes d'Etat ne peut désormais
» étouffer.

» Les partisans intelligents de la paix auront peu
» de difficulté à choisir entre ces deux systèmes
» de politique, dont l'un, celui de l'Autriche, qui se
» donne pour le gardien de la paix, jette l'Italie *dans*
» *un état d'insurrection chronique, et menace à tout*
» *moment l'Europe d'une guerre générale; et dont l'autre,*
» *celui de la Sardaigne, maintient la paix intérieure et*
» *écarte les occasions de conflits étrangers.* Que les trai-
» tés doivent être respectés, qu'une lutte européenne
» doive être évitée comme étant la plus grande cala-
» mité, ce sont là des vérités en dehors de toute dis-
» cussion possible. Et c'est précisément parce qu'elles
» sont telles, que le plan par lequel l'Autriche a
» étendu son pouvoir dans l'Italie centrale et méri-
» dionale, en contradiction avec l'esprit tout entier

» des traités de 1815, ne peut être admise plus long-
» temps. C'est précisément parce qu'une guerre eu-
» péenne est un mal si affreux, que les devoirs les
» plus sacrés de tous les hommes politiques conscien-
» cieux consistent à s'unir pour en écarter les causes
» immédiates. Dans le véritable intérêt de la paix, —
» pour la préservation durable de la paix, — que l'on
» donne au peuple italien ces garanties de réforme et
» de gouvernement indépendant sans lesquelles la
» tranquillité de l'Italie et la paix de l'Europe sont
» des impossibilités. »

[L'opinion qu'exprime le *Morning-Post* n'est point
isolée; elle a de profondes racines dans toutes les
classes de la population; elle est partagée par les
hommes les plus considérables de ce pays.

Lord Derby lui-même ne disait-il pas dernièrement
dans le Parlement, que le gouvernement papal était
un gouvernement incapable de se soutenir sans l'ap-
pui des armées étrangères; et avec tous les ménage-
ments du langage parlementaire, n'avouait-il point le
peu d'avantages réels que l'Autriche retire de ses
possessions italiennes?

« Quant à moi, dit lord Palmerston, je crois qu'on
» doit abandonner le gouvernement romain à cette ca-
» lamité si redoutée (celle de faire des réformes). Je
» crois même que tout arrangement destiné à assurer
» la paix permanente de l'Europe doit se baser, en pre-
» mier lieu, sur le rappel des armées étrangères de
» l'Italie centrale; en second lieu, sur l'engagement
» formel de ne pas les y envoyer de nouveau, en
» quelque circonstance que ce soit; et, en troisième
» lieu, sur le conseil amical de *travailler à l'améliora-
» tion de l'administration de ces États.* »

. . . .

» Je pense donc que si le gouvernement de Sa Ma-
» jesté réussissait par la négociation et par les bons
» conseils à obtenir de l'Autriche et de la France
» *l'évacuation des Etats pontificaux et l'engagement de*
» *ne pas y retourner dans aucune circonstance, on pour-*
» *rait alors s'adresser aux quatre puissances (la France,*
» *l'Autriche, la Russie et la Prusse), et renouveler d'un*
» *commun accord ce qu'on avait fait sans résultat en*
» *1832 (1) : la tentative d'obtenir par de bons conseils*
» *dans la position politique et sociale, non-seulement de*
» *Rome, mais encore des autres Etats de l'Italie, une*
» *amélioration capable d'assurer la tranquillité de ces*
» *pays à l'avenir. Dans tous les cas, que ces efforts*
» *réussissent ou non, le gouvernement britannique aura*
» *fait son devoir et sera irréprochable, quelles qu'en*
» *soient les conséquences.* »

Cette évacuation préliminaire que lord Palmerston
demandait dans la séance du 25 février dernier est
aujourd'hui admise en principe par les trois gouvernements du pape, d'Autriche et de France.

Ce premier pas éclaircit la situation, et il faut savoir
s'il sera possible d'obtenir pacifiquement ces réformes
dont la nécessité est aujourd'hui admise par tous les
esprits raisonnables en Europe. Il faut que l'opinion
publique européenne mette en demeure les gouvernements rétrogrades d'y consentir. Il faut que l'on sa-
che d'où vient la résistance, afin que l'on connaisse

---

(1) En 1832, l'Angleterre, la France, l'Autriche, la Russie et la
Prusse se réunirent pour donner des conseils au gouvernement
romain. Il est inutile de détailler ces conseils, qui, si on les avait
adoptés, auraient contenté la grande masse de la population romaine, et auraient rendu inutiles bien des mesures qu'on a dû
prendre depuis. (*Discours de lord Palmerston.*)

aussi les coupables qui auront attiré sur l'Europe les calamités d'une guerre, si malheureusement elle de venait inévitable.

VIII

Si une guerre de conquête est aujourd'hui un anachronisme, s'il n'est aucune puissance en Europe qui puisse raisonnablement désirer la guerre, y a-t-il dans l'état actuel de l'Italie un *casus belli* absolu qui engage l'honneur des puissances européennes?

L'Italie tout entière, depuis Milan jusqu'à Naples, il est vrai, est dans un état violent et anarchique, mais cela tient uniquement à l'action, à l'influence d'un seul état, de l'Autriche, qui n'a cessé de s'y étendre au mépris des traités : du jour où, par la pression unanime de toutes les autres puissances, cette influence rentrerait dans ses limites naturelles, on verrait l'orage s'apaiser de lui-même.

Il ne paraît donc pas impossible *a priori* d'admettree que tous les cabinets se mettent d'accord contre l'Autriche pour en exiger des concessions raisonnables.

Est-ce que l'Autriche a besoin, pour subsister comme nation puissante, de dominer à Parme, à Modène, dans les Légations, dans les États de l'Église? D'agir par influence à Florence, à Rome, à Naples?

De cette influence lointaine, ne retire-t-elle pas plus de dommages et de périls que d'avantages réels !

Si la politique était toujours d'accord avec le bon sens, il nous semble que la question serait bien vite résolue.

Si l'Autriche est pour l'Italie la source de toutes les oppressions, l'Italie à son tour réagit sur l'Autriche et lui crée d'incessants périls.

L'Italie coûte certainement à l'Autriche beaucoup plus qu'elle ne lui rapporte.

« Après quarante ans de règne en Italie, — dit
» M. Charles Mazade, — l'Autriche a perdu plus que
» gagné. Étrangère au milieu des populations ita-
» liennes qu'elle tient sous son sceptre, plus étran-
» gère encore au milieu des populations sur les-
» quelles elle pèse de tout le poids d'une domina-
» tion indirecte, moins garantie par l'esprit des traités
» qui l'ont placée au-delà des Alpes, elle se soutient
» sans s'établir. Sa domination est un fait qui se per-
» pétue en étant toujours contesté, et j'ajouterai
» qu'elle est en Italie sans profit pour elle-même, car,
» d'une part, elle est liée dans les affaires de l'Europe
» par toutes les considérations de son intérêt conser-
» vateur au-delà des Alpes, et, d'un autre côté, si le
» budget des provinces italiennes a été autrefois *pro-*
» *ductif pour l'empire, il suffit à peine aujourd'hui pour*
» *payer les intérêts de la dette de la Lombardo-Vénétie,*
» *pour faire vivre dans ce grand camp une armée per-*
» *manente de quatre-vingt mille hommes, et pour sub-*
» *venir à l'entretien et à l'agrandissement d'une ceinture*
» *de citadelles : Vérone, Mantoue, Peschiera, Legnano,*

---

(1) *Revue des Deux-Mondes* du 1er février 1859 : *La Question italienne.*

» *derrière lesquelles est obligée de se retrancher la puis-*
» *sance autrichienne.*

» *Ce que je dis ici, bien des partisans de l'Autriche le*
» *pensent et croient que c'est une question d'honneur et de*
» *dignité pour la couronne impériale ; ils doutent que la*
» *possession de la Lombardo Vénétie soit désormais un*
» *avantage, etc.* »

Et cependant, entraînée dans sa voie fatale, l'Autriche ne se contente pas d'écraser d'impôts la Lombardo-Vénétie pour la contenir par la force, elle se trouve entraînée malgré elle à réagir sur les autres États italiens, dont l'exemple pourrait être funeste à la Lombardie opprimée. L'oppression engendre donc l'oppression, et il faut que cette fatale influence gagne tous les États italiens, jusqu'à l'extrémité de la Sicile.

L'état violent de la Péninsule, et l'inquiétude universelle de l'Europe, tiennent donc à une grande *erreur autrichienne, à un point d'honneur mal placé.*

Pense-t-on que l'Autriche ne serait pas plus forte, si, abandonnant ce faux point d'honneur, elle décrétait résolument en Italie les réformes dont son archiduc Maximilien avait si noblement donné le signal ; si, renonçant à tous les traités secrets qui rivent l'Italie centrale à son système suranné, elle se lançait résolûment dans la voie des sages progrès ; si, au milieu d'une paix profonde, elle s'appliquait aux réformes intérieures et libérales dont ses populations diverses ont un si grand besoin.

« Il faudrait — dit l'auteur déjà cité de la note ano-
» nyme (journal *le Nord*) — rentrer franchement et
» loyalement dans l'esprit et dans la lettre des traités ;
» il faudrait reconnaître que le temps, qui marche
» toujours, a rendu nécessaires certaines modifica-
» tions dans le gouvernement des peuples ; que le

» régime du bon plaisir est caduc; que les priviléges
» sont périmés; qu'une ère nouvelle de liberté de
» conscience et d'égalité devant la loi s'est inaugurée
» pour le monde : et que, loin de reculer devant les
» efforts du passé, elle s'avance, brillante, jusqu'aux
» steppes qui unissent l'Asie à l'Europe. L'Autriche
» seule, au milieu de ce mouvement réformateur,
» pourra-t-elle se préserver de son influence, ou le
» refouler violemment de toutes parts? L'Angleterre,
» la France, la Sardaigne, la Belgique, la Hollande,
» l'Espagne, le Portugal, la Suède, la Prusse, la Russie
» enveloppent l'Autriche dans un cercle de progrès et
» de réformes qu'elle ne saurait nier; l'Italie, la Hon-
» grie, la Gallicie, la Bohême appellent à grands cris
» ces améliorations; la Turquie elle-même, cette terre
» promise de l'immobilité, se débat dans les convul-
» sions d'une régénération douteuse, parce qu'il lui
» manque l'élan d'un grand principe, et qu'il lui faut
» en même temps opérer la réforme politique et la
« réforme religieuse. »

Comment l'Italie se trouverait-elle être seule dés-
héritée au milieu de ce mouvement qui entraîne le
monde ?

Il faut à l'Italie de sages et de promptes réformes,
aussi éloignées d'un système révolutionnaire que de
ces idées surannées qui ont fait leur temps.

La Lombardie et la Vénétie, libéralement organi-
sées, les inquiétudes actuelles s'apaisent, l'Autriche
n'est plus obligée de réagir sur le reste de l'Italie,
dont la fédération peut s'établir sous la conduite du
Piémont, ou du Saint-Siége.

Alors cette noble terre d'Italie, patrie de tant de
proscrits et de martyrs, trouverait, au milieu du système progressif et civilisateur du dix-neuvième siècle,

le repos auquel elle aspire depuis si longtemps.

Ses populations n'étant plus ni violemment comprimées par des gouvernements impopulaires, ni sourdement travaillées par des conspirations seraient libres et heureuses : elles regagneraient cette moralité privée et publique qui constitue la plus grande force des peuples, le génie national se réveillerait, ces grands esprits, ces nobles caractères qui vont aujourd'hui tristement mourir sur la terre d'exil, dépenseraient au profit de la civilisation et des progrès de l'esprit humain leur dévoûment et leur activité.

Terre noble et sainte d'Italie, patrie du Dante, jusqu'ici tu n'as pu trouver la tranquillité et l'indépendance par les secrets de la vieille politique, tu rencontreras ton salut dans les lumières nouvelles que le dix-neuvième siècle a projetées sur le monde et dans les éternels principes de la revolution de 1789. Ces principes, ont créé en Europe une opinion publique si puissante et si unanime, que rien ne pourra lui résister. Sois donc calme et ferme comme le bon droit. Espère et persévère : il y a en Europe des millions de cœurs qui palpitent avec le tien.

IX

Aujourd'hui que la lumière s'est faite en Europe sur la question italienne, les esprits justes sont bien convaincus qu'en prenant en main la cause de l'Italie opprimée, la France ne cherche aucun avantage propre, qu'elle ne poursuit aucune idée d'agrandissement territorial, mais seulement la suppression d'un foyer permanent de révolution soudaine et de conspiration ; qu'elle prend en main cette œuvre des peuples opprimés, qui à toutes les époques de son histoire a eu le privilége de la passionner noblement.

Est-ce que sous la Restauration la France tout entière n'a pas retenti des cris de liberté poussés par la Grèce ? Est-ce que sous le gouvernement de Juillet elle n'a pas prêté son secours à la Belgique ?

Est-ce que pour constituer ces deux nationalités il a été nécessaire de refaire entièrement la carte de l'Europe et d'appeler sur elle les calamités d'une longue guerre ?

La constitution des deux royaumes de Grèce et de Belgique a été le résultat d'une seule bataille, après taquelle tout est rentré dans l'ordre accoutumé, et cependant il s'agissait alors d'opérer une œuvre bien plus difficile qu'aujourd'hui.

La France pourrait-elle, en 1859, rester froide et indifférente sur ce qui se passe en Italie, alors qu'elle a pour elle l'esprit formel des traités, le droit et le devoir imposés à une grande puissance initiatrice.

L'Italie entière souffre de la domination de l'Autriche.

Pour éclairer cette question, il suffit d'étudier l'état des choses et des esprits à Naples, à Rome, à Florence, à Milan.

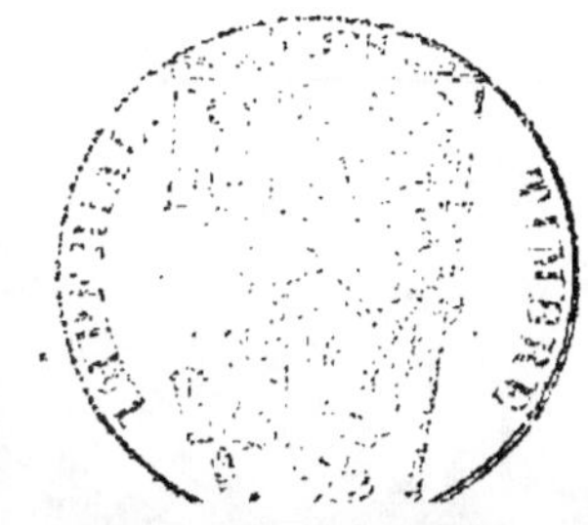

X

A Naples existe un gouvernement qui substitue toujours à la volonté et à l'empire de la loi l'arbitraire et le bon plaisir des agents du pouvoir.

Le décret du 10 février dernier, qui proclame la loi martiale en abandonnant aux conseils de guerre, dans les cas de flagrant délit, la plupart des délits politiques prévus par le code pénal napolitain, a jeté le trouble et la stupeur dans tout le pays, sans exception de classes, d'opinions et de partis; la peine de la confiscation indirecte, qui depuis quarante-quatre ans avait disparu des codes napolitains, grâce aux progrès et à l'esprit de la civilisation, se trouve par le fait rétablie.

A ce décret vient s'ajouter l'amnistie dérisoire que le gouvernement napolitain a dernièremen décrété à l'occasion du prince héritier, amnistie qui est plutôt une aggravation qu'une atténuation des peines politiques.

« La notification de cet acte souverain, écrit-on de
» Naples (1), aux individus graciés était accom-
» pagnée en même temps d'une disposition ministé-
» rielle qui enjoignait à tous les graciés l'ordre de
» s'embarquer sur-le-champ sur des vaisseaux du
» gouvernement qui étaient chargés de les transporter
» au port de Cadix, et de là en Amérique.

_____

(1) Journal le *Nord*.

» En vérité, si l'on osait qualifier d'amnistie cet acte
» inconcevable, ce ne serait que la plus amère ironie.
» Mais, chose étrange, et qui trouvera beaucoup
» d'incrédules, ordre a été donné que la même mesure
» de la transportation en Amérique serait appliquée à
» plusieurs des détenus par simple mesure de police
» préventive ; ainsi l'on a eu l'impudence de signifier
» la même mesure à des hommes qui depuis deux ans
» gémissaient dans les prisons *Santa Maria Apparente*
» sans procès, sans enquête judiciaire, sans reproche
» de culpabilité, ne subissant d'autre loi que la loi des
» suspects. Ces infortunés ont protesté hautement
» contre l'iniquité de cette mesure-là, mais qui sait ce
» qu'il adviendra d'eux ? »

XI.

A Rome, la situation n'est pas moins fâcheuse. Les
hommes qui ont étudié sur place le gouvernement
pontifical savent bien que ce ne sont point les inten-
tions les meilleures et les plus généreuses qui lui man-
quent, mais jusqu'ici a-t-il été libre ? Est-ce que l'influence autrichienne ne s'est pas toujours élevée me-
naçante contre des réformes qui auraient pu réagir
contre elle en Lombardie ?

La Lombardie n'est-elle pas la plaie qui gangrène
le corps entier ?

« C'est l'œuvre des puissances catholiques de fortifier
le Saint-Siége contre ses lenteurs ou ses irrésolutions.

de l'appuyer de leur concours dans ce travail de réparation et de pacification qui a été dès l'origine la politique généreuse de Pie IX ;

La sécularisation à un degré compatible avec le caractère de l'autorité pontificale ;

L'affermissement des institutions municipales ;

L'amélioration progressive du régime judiciaire ;

La transformation de la situation économique par la sévérité introduite et maintenue dans les finances, et par le développement des intérêts généraux du pays : tel est le terrain sur lequel l'Europe et la papauté peuvent se rencontrer. Il faut y joindre la formation de l'armée que doit hâter la fin de l'occupation étrangère. Chercher aujourd'hui à imposer autre chose au pape par une pression indéclinable, c'est livrer la place à la révolution, et la révolution, c'est l'ennemie pour l'Europe, c'est l'ennemie surtout pour l'Italie qui saigne encore des blessures qu'elle en a reçues (1). »

L'intervention française en Italie fut la plus grande faute de la république de 1848 ; elle peut être réparée en donnant au Saint-Siége, sous la protection des grandes puissances de l'Europe, toute liberté pour améliorer sa situation intérieure.

Depuis l'avénement de Pie IX, les idées les plus généreuses et les plus progressives ont acquis à Rome droit de cité. Il ne faut qu'un peu de calme et de liberté pour qu'elles puissent passer dans la pratique.

On se fait souvent les idées les plus fausses sur les abus du gouvernement pontifical. C'est ainsi qu'on pourrait répondre à ceux qui demandant à *grands cris*

---

(1) Charles de Mazade, affaires d'Italie : *La Question romaine et les Cabinets (Revue des Deux-Mondes,* juin 1856).

la sécularisation, qu'elle existe de fait, puisque le nombre total des ecclésiastiques qui font partie de l'administration romaine ne s'élève pas à cent, tandis que le nombre des laïques s'est élevé en peu de temps à huit mille cinq cents.

Le prélèvement annuel de la papauté sur les revenus du pays pour le soutien de la dignité pontificale, est de 600,000 écus romains seulement pour la liste civile du pape ; le traitement des cardinaux, des membres du corps diplomatique et l'entretien des musées pontificaux, 3 millions, sur un budget total de 70 milions. Non, ce n'est point le gouvernement pontifical qui pèse sur les populations romaines, c'est l'Autriche, toujours l'Autriche !

XII

En Toscane, l'occupation autrichienne qui suivit le désastre de Novare a duré six ans et a coûté à ce pays la somme de 40 millions de livres environ. Elle ne cessa de fait qu'en 1855 ; mais depuis cette époque l'esprit autrichien n'a cessé de dominer.

A la suite de l'occupation, la constitution donnée en 1848, d'abord suspendue, fut ensuite définitivement abolie en mai 1852 ; pas une feuille politique ne survécut à cette réaction. La suppression des lois léopoldines, un concordat signé avec Rome en 1851, des finances obérées furent les conséquences de cet état de choses.

« La France accomplirait un acte de haute moralité
» et de justice, — dit une correspondance de Flo-
» rence (1), — en faisant cesser un état de choses qui
» pèse sur la Péninsule depuis tant d'années, et qui,
» en entravant toute espèce de mouvement, nous rend
» les véritables *mancipia* de l'Autriche. Je dirai même
» qu'une semblable politique est conseillée à la France
» en vue de son propre intérêt, car tant que l'Italie
» ne sera pas complétement tranquille et arrangée,
» il n'y a pas de paix possible pour l'Europe, et l'Eu-
» rope, la France y comprise, veut la paix.

» D'ailleurs un semblable état de choses devient de
» de plus en plus insoutenable. Si les grands pays
» ont beaucoup de peine à se maintenir dans une
» expectative armée, qui porte tant de détriment à
» l'industrie, à l'agriculture et au commerce, les petits
» qui singent les grands gouvernements peuvent, d'au-
» jourd'hui à demain, périr sous le fardeau de la dette
» qu'on leur impose à mains ouvertes. »

L'Autriche domine sur tous les états de second ordre, au mépris des traités de 1815, qui avaient eu pour
but de limiter son inflence à la Lombardie et à la Vénétie ; l'Italie entière est devenue pour elle un champ
clos sur lequel ses troupes manœuvrent en tous sens ;
elle abuse de son influence pour établir ses soldats
dans toutes les principautés : à Modène les troupes
nationales ont été internées en Autriche et remplacées
par des Autrichiens ; à Parme, la régente. après quelques difficultés, a consenti à entrer dans la ligue, et à
recevoir garnison à Plaisance. Dans les légations ro-

---

(1) Journal le *Nord*.

maines, le nombre des troupes a été jusqu'ici portée au maximum.

A cet état d'anarchie et de violence, qui règne dans toute l'Italie, du centre et du midi, il faut opposer l'attitude à la fois si noble et si ferme du Piémont, cette sentinelle avancée du progrès.

On se trouve ici en face d'une nation forte et brave défendant son droit, et qui a confiance dans la bonté de sa cause.

L'Italie jusqu'ici est restée sinon calme, au moins réfléchie, parce qu'elle compte avec confiance sur le Piémont, et sans aucun doute sa confiance ne sera point trompée.

Ce qui fait surtout la force du Piémont, c'est qu'il a su se poser comme le défenseur avoué des libertés de l'Italie, sans se jeter dans les hasards révolutionnaires, sans inspirer aux gouvernements réguliers de l'Europe ces défiances et ces terreurs qui nuisent toujours aux meilleures causes.

Il a su choisir le terrain d'une politique pratique, forte et généreuse.

Tout le monde a lu le récent discours de M. de Cavour au sénat Piémontais, dans lequel cet homme d'état a si bien défini l'injustice des empiétements de l'Autriche en Italie.

« Si les traités de 1815, dit-il, ont assuré à l'Autri-
» che la possession entre le Pô et le Tessin, ces mêmes
» traités ont limité à l'occupation de deux citadelles
» son influence sur la droite de ce fleuve. Or, mes—
» sieurs, soit par la voie diplomatique, soit par des
» occupations militaires, l'Autriche a aujourd'hui
» étendu ses possessions bien au-delà de l'Apennin,
» jusqu'aux rives de l'Adriatique. »

Cela est entièrement contraire aux stipulations des traités de 1815.

« Et qu'on ne me dise pas que ces empiètements
» ont eu lieu avec le consentement des princes ita-
» liens, car je n'hésite pas à proclamer que les prin-
» ces italiens n'avaient pas le droit d'aliéner leur in-
» dépendance en faveur de l'Autriche, et que par cet
» acte ils ont manifestement violé, non-seulement
» l'esprit, mais la lettre aussi des traités.

» Je dis que c'est un principe de droit politique
» moderne, je dis que c'est un des grands progrès
» de la civilisation, de ne pas reconnaître aux princes
» le droit d'aliéner leurs peuples ni leur propre indé-
» pendance.

» En conséquence, lorsque nous protestions haute-
» ment contre cette extension de l'influence autri-
» chienne, et bien que cette extension ait eu pour
» point de départ le consentement du prince, le droit
» et l'équité, la lettre même des traités, sont de notre
» côté et non pas du côté de nos adversaires. Et
» d'ailleurs, messieurs, pourquoi protestons-nous?
» Nous le faisons, je ne le nie pas, par suite des sym-
» pathies très-vives que nous inspirent les autres
» parties de l'Italie.

» Mais ce n'est pas là le seul motif qui nous pousse
» à appeler l'attention de l'Europe sur cet état de
» choses, l'extention de l'influence autrichienne est
» pour nous une question, un péril. »

Ce péril n'existe pas seulement pour le Piémont, il existe aussi pour la France, menacée de voir se former à ses portes une sorte de coalition autrichienne, engendrant sans cesse l'oppression et ces conspirations souterraines si incompatibles avec le règne de cette liberté sage que nous désirons tous en Europe.

On l'a dit avec beaucoup de raison, l'Autriche n'a pas plus le droit d'occuper les états souverains de l'Italie, de tenir garnison dans leurs places fortes, de lier les princes à des modes de gouvernement, que la France n'aurait le droit d'occuper militairement, et de dominer politiquement la Belgique, la Suisse et les États du Rhin. Si donc l'Autriche viole elle-même les traités de 1815, pour n'y reconnaître que les articles qui lui assurent ses possessions italiennes, l'Europe doit la forcer à s'en ressouvenir.

C'est désormais un principe acquis à la discussion et qui doit servir de point de départ soit aux négociations diplomatiques, soit à une exécution par les armes.

CONCLUSION

Arrivés à la fin de cette étude que nous nous sommes efforcés de rendre aussi impartiale que possible, il faut résumer et conclure.

Avec tous ceux qui ne sont pas aveuglés par la peur, nous avons reconnu qu'une paix à tout prix était aussi impossible qu'une guerre de conquête.

Nous avons reconnu qu'aucune puissance européenne n'était intéressée à la guerre, que toutes au contraire avaient un besoin impérieux de la paix pour opérer des réformes indispensables, rétablir leur crédit et continuer cet admirable développement industriel qui fera la gloire de ce siècle et l'avenir de la civilisation humaine. —Que l'Autriche surtout avait besoin de cette paix pour éviter de plus grands embarras financiers, s'assimiler toutes ses populations slaves, polonaises, allemandes, pour se créer sur l'Adriatique une marine puissante. Nous avons vu l'Autriche en possession, en

Allemagne, en Hongrie, en Bohême, en Moravie, en Gallicie, en Transylvanie, de richesses immenses encore inexploitées, et qui mises en valeur peuvent créer pour cet empire de trente-sept millions d'hommes, sans l'Italie, un avenir aussi prospère que brillant; et cependant, par une singulière aberration, nous avons vu l'Autriche placer au premier plan de sa politique sa domination sur les provinces italiennes, domination *qui lui coûtant plus qu'elle ne lui rapporte*, engendre pour elle et pour l'Europe entière d'incessants et d'immenses périls. — Nous avons vu cette domination, fondée sur la violence, ne s'imposer que par la force des baïonnettes, se propager dans tout le reste de la Péninsule par la peur, par l'intimidation, y engendrer ces conspirations souterraines qui réagissent sur les Etats voisins.

Nous avons vu le Piémont, fort de son droit, ferme et modéré, rappeller l'Autriche au respect des traités qui font la base du droit public européen.

Dans une telle situation, n'est-il pas possible que l'Autriche entende la voix de la raison et abandonne son système suranné à l'égard de l'Italie? Qu'elle cessé de se faire un point d'honneur absolu d'une question qui n'a point pour elle une gravité suprême, quoi qu'on en dise?

L'Autriche est une grande puissance, elle compte à sa tête des hommes éminents par leurs lumières et leur patriotisme. Ces hommes voudront-ils déchaîner sur l'Europe une guerre toujours pleine de périls et d'éventualités, alors que par la paix ils peuvent ouvrir à l'Autriche tout entière une ère de prospérité et de puissance, développer les admirables ressources économiques de ce grand empire.

Quant à nous, nous espérons encore à la paix, car il y a en Europe une raison publique plus forte que tous les cabinets.

Que, cette raison publique se forme; qu'elle s'élève et s'épure par l'étude impartiale de la question.

Et si tous les efforts de la diplomatie sont impuissants, Dieu guidera et soutiendra la France dans cette lutte; car elle est désintéressée, elle est généreuse, elle représente le bon droit, elle prend la défense des opprimés, elle reste fidèle aux grandes et généreuses inspirations d'une politique séculaire.